Denis DIDEROT

Entretien d'un père avec ses enfants

ou du danger de se mettre au-dessus des lois

Édition : BoD · Books on Demand GmbH,
In de Tarpen 42, 22848 Norderstedt (Allemagne)
Impression : Libri Plureos GmbH, Friedensallee 273,
22763 Hamburg (Allemagne)
ISBN : 978-2-3225-5525-3
Dépôt légal : Novembre 2024

Table des matières

Notice préliminaire de l'éditeur

On lit dans la *Correspondance* de Grimm, mars 1771 : " M. Diderot, maître coutelier à Langres, mourut en 1759, généralement regretté dans sa ville, laissant à ses enfants une fortune honnête pour son état, et une réputation de vertu et de probité désirable en tout état. Je le vis trois mois avant sa mort. En allant à Genève, au mois de mars 1759, je passai exprès par Langres, et je m'applaudirai toute ma vie d'avoir connu ce vieillard respectable. Il laissa trois enfants : un fils aîné, Denis Diderot, né en 1713, c'est notre philosophe ; une fille d'un cœur excellent et d'une fermeté de caractère peu commune, qui, dès l'instant de la mort de sa mère, se consacra entièrement au service de son père et de sa maison, et refusa, par cette raison, de se marier ; un fils cadet qui a pris le parti de l'Église : il est chanoine de l'église cathédrale de Langres et un des grands saints du diocèse. C'est un homme d'un esprit bizarre, d'une dévotion outrée et à qui je crois peu d'idées et de sentiments justes. Le père aimait son fils aîné d'inclination et de passion ; sa fille, de reconnaissance et de tendresse ; et son fils cadet, de réflexion, par respect pour l'état qu'il avait embrassé. Voilà des éclaircissements qui m'ont paru devoir précéder le morceau que vous allez lire. Le testament, si fâcheusement retrouvé, a servi de donnée à une pièce intitulée : *Une Journée de Diderot,* dont nous dirons quelques mois dans la *Notice* placée en tête du *Neveu de Rameau.*

Mon père [1], homme d'un excellent jugement, mais homme pieux, était renommé dans sa province pour sa probité rigoureuse. Il fut, plus d'une fois, choisi pour arbitre entre ses concitoyens ; et des étrangers qu'il ne connaissait pas lui confièrent souvent l'exécution de leurs dernières volontés. Les pauvres pleurèrent sa perte, lorsqu'il mourut. Pendant sa maladie, les grands et les petits marquèrent l'intérêt qu'ils prenaient à sa conservation. Lorsqu'on sut qu'il approchait de sa fin, toute la ville fut attristée. Son image sera toujours présente à ma mémoire ; il me semble que je le vois dans son fauteuil à bras, avec son maintien tranquille et son visage serein. Il me semble que je l'entends encore. Voici l'histoire d'une de nos soirées, et un modèle de l'emploi des autres.

C'était en hiver. Nous étions assis autour de lui, devant le feu, l'abbé [2], ma sœur [3] et moi. Il me disait, à la suite d'une conversation sur les inconvénients de la célébrité : " Mon fils, nous avons fait tous les deux du bruit dans le monde,

---

[1]   NdE [CP] : Didier DIDEROT (1685-1759) est le père de Denis Diderot. Il était maître coutelier à Langres, ville natale du philosophe.

[2]   NdE [CP] : L'abbé Didier-Pierre DIDEROT (1722-1787) est le frère cadet de Denis. Les deux frères entretenaient des relations exécrables.

[3]   NdE [CP] : Denise DIDEROT (1715-1797) est la sœur de Denis, qui l'aimait beaucoup.

avec cette différence que le bruit que vous faisiez avec votre outil vous ôtait le repos ; et que celui que je faisais avec le mien ôtait le repos aux autres ". Après cette plaisanterie, bonne ou mauvaise, du vieux forgeron, il se mit à rêver, à nous regarder avec une attention tout à fait marquée, et l'abbé lui dit: " Mon père, à quoi rêvez-vous ? "

-" Je rêve, lui répondit-il, que la réputation d'homme de bien, la plus désirable de toutes, a ses périls, même pour celui qui la mérite. " Puis, après une courte pause, il ajouta : " J'en frémis encore, quand j'y pense... Le croiriez-vous, mes enfants ? Une fois dans ma vie, j'ai été sur le point de vous ruiner ; oui, de vous ruiner de fond en comble. "

L'ABBÉ. Et comment cela ?

MON PÈRE. Comment ? Le voici...

Avant que je commence (dit-il à sa fille), sœurette [4], relève mon oreiller qui est descendu trop bas ; (à moi) et toi, ferme les pans de ma robe de chambre, car le feu me brûle les jambes... Vous avez tous connu le curé de Thivet [5].

---

[4]   Nous rétablissons ce terme familier d'après l'édition originale. Les suivantes l'ont remplacé par *petite sœur*.
[5]   Village situé entre Chaumont et Langres.

MA SŒUR. Ce bon vieux prêtre, qui, à l'âge de cent ans, faisait ses quatre lieues dans la matinée ?

L'ABBÉ. Qui s'éteignit à cent et un ans, en apprenant la mort d'un frère qui demeurait avec lui, et qui en avait quatre-vingt-dix-neuf ?

MON PÈRE. Lui-même.

L'ABBÉ. Eh bien ?

MON PÈRE. Eh bien, ses héritiers, gens pauvres et dispersés sur les grands chemins, dans les campagnes, aux portes des églises où ils mendiaient leur vie, m'envoyèrent une procuration, qui m'autorisait à me transporter sur les lieux, et à pourvoir à la sûreté des effets du défunt curé leur parent. Comment refuser à des indigents un service que j'avais rendu à plusieurs familles opulentes ? J'allai à Thivet ; j'appelai la justice du lieu ; je fis apposer les scellés, et j'attendis l'arrivée des héritiers. Ils ne tardèrent pas à venir ; ils étaient au nombre de dix à douze. C'étaient des femmes sans bas, sans souliers, presque sans vêtements, qui tenaient contre leur sein des enfants entortillés de mauvais tabliers ; des vieillards couverts de haillons qui s'étaient traînés jusque-là, portant sur leurs épaules avec un bâton, une poignée de guenilles enveloppées dans une autre guenille ; le spectacle de la misère la plus hideuse. Imaginez, d'après cela, la joie de ces héritiers à l'aspect d'une dizaine de mille francs qui revenait à chacun d'eux ; car, à vue de pays, la succession du curé pouvait aller à une centaine de mille francs au moins. On lève les scellés. Je procède, tout le jour, à l'inventaire des effets. La nuit vient. Ces malheureux se retirent ; je reste seul. J'étais pressé de les mettre en possession de leurs lots, de les congédier, et de revenir à mes affaires. Il y avait sous un bureau un vieux coffre, sans couvercle et rempli de toutes sortes de paperasses ; c'étaient de vieilles lettres, des brouillons de réponses, des quittances surannées, des reçus de rebut, des comptes de dépenses, et d'autres chiffons de cette nature ; mais, en pareil cas, on lit tout, on ne néglige rien. Je touchais à la fin de cette ennuyeuse révision, lorsqu'il me tomba sous les mains un écrit assez long ; et cet écrit, savez-vous ce que c'était ? Un testament ! un testament signé du curé ! Un testament, dont la date était si ancienne, que ceux qu'il en nommait exécuteurs n'existaient plus depuis vingt ans ! Un testament où il rejetait les pauvres qui dormaient autour de moi, et instituait légataires universels les Frémins, ces riches libraires de Paris, que tu dois connaître, toi. Je vous laisse à juger de ma surprise et de ma douleur ; car, que faire de cette pièce ? La brûler ? Pourquoi non? N'avait-elle pas tous les caractères de la réprobation ? Et l'endroit où je l'avais trouvée, et les papiers avec lesquels elle était confondue et assimilée, ne déposaient-ils pas assez fortement contre elle, sans parler de son injustice révoltante ? Voilà ce que je me disais en moi-même ; et me représentant en même temps la désolation de ces malheureux héritiers spoliés, frustrés de leur espérance, j'approchais tout doucement le testament du feu ; puis, d'autres idées croisaient les premières, je ne sais quelle frayeur de me tromper dans la décision d'un cas aussi important, la méfiance de mes lumières, la crainte d'écouter plutôt la voix de la commisération, qui criait au fond de mon cœur, que celle de la justice, m'arrêtaient subitement ; et je passai le reste de la nuit à délibérer sur cet acte inique que je tins plusieurs fois au-dessus de la flamme, incertain si je le brûlerais ou non. Ce dernier parti l'emporta ; une minute plus tôt ou plus tard, c'eût été le parti contraire. Dans ma perplexité, je crus qu'il était sage de prendre le conseil de quelque personne éclairée. Je monte à cheval dès la pointe du jour ; je m'achemine à toutes jambes vers la ville ; je passe devant la porte de ma maison, sans y entrer ; je descends au séminaire qui était alors occupé par des Oratoriens, entre lesquels il y en avait un distingué par la sûreté de ses lumières et la sainteté de ses mœurs : c'était un père Bouin, qui a laissé dans le diocèse la réputation du plus grand casuiste.

Mon père en était là, lorsque le docteur Bissei entra : c'était l'ami et le médecin de la maison. Il s'informa de la santé de mon père, lui tâta le pouls, ajouta, retrancha à son régime, prit une chaise, et se mit à causer avec nous.

Mon père lui demanda des nouvelles de quelques-uns de ses malades, entre autres, d'un vieux fripon d'intendant d'un M. de La Mésangère, ancien maire de notre ville. Cet intendant avait mis le désordre et le feu dans les affaires de son maître, avait fait de faux emprunts sous son nom, avait égaré des titres, s'était approprié des fonds, avait commis une infinité de friponneries dont la plupart étaient avérées, et il était à la veille de subir une peine infamante, sinon capitale. Cette affaire occupait alors toute la province. Le docteur lui dit que cet homme était fort mal, mais qu'il ne désespérait pas de le tirer d'affaire.

MON PÈRE. C'est un très mauvais service à lui rendre.

MOI. Et une très mauvaise action à faire.

LE DOCTEUR BISSEI. Une mauvaise action ! Et la raison, s'il vous plaît ?

MOI. C'est qu'il y a tant de méchants dans ce monde, qu'il n'y faut pas retenir ceux à qui il prend envie d'en sortir.

LE DOCTEUR BISSEI. Mon affaire est de le guérir, et non de le juger ; je le guérirai, parce que c'est mon métier ; ensuite le magistrat le fera pendre, parce que c'est le sien.

MOI. Docteur, mais il y a une fonction commune à tout bon citoyen, à vous, à moi, c'est de travailler de toute notre force à l'avantage de la république ; et il me semble que ce n'en est pas un pour elle que le salut d'un malfaiteur, dont incessamment les lois la délivreront.

LE DOCTEUR BISSEI. Et à qui appartient-il de le déclarer malfaiteur ? Est-ce à moi ?

MOI. Non, c'est à ses actions.

LE DOCTEUR BISSEI. Et à qui appartient-il de connaître de ces actions ? Est-ce à moi ?

MOI. Non ; mais permettez, docteur, que je change un peu la thèse, en supposant un malade dont les crimes soient de notoriété publique. On vous appelle ; vous accourez, vous ouvrez les rideaux, et vous reconnaissez Tartouche ou Nivet. Guérirez-vous Cartouche ou Nivet ?

Le docteur Bissei, après un moment d'incertitude, répondit ferme qu'il le guérirait ; qu'il oublierait le nom du malade, pour ne s'occuper que du caractère de la maladie ; que c'était la seule chose dont il lui fût permis de connaître; que s'il faisait un pas au delà, bientôt il ne saurait plus où s'arrêter ; que ce serait abandonner la vie des hommes à la merci de l'ignorance, des passions, du préjugé, si l'ordonnance devait être précédée de l'examen de la vie et des mœurs du malade. " Ce que vous me dites de Nivet, un janséniste me le dira d'un moliniste, un catholique d'un protestant. Si vous m'écartez du lit de Cartouche, un fanatique m'écartera du lit d'un athée. C'est bien assez que d'avoir à doser le remède, sans avoir encore à doser la méchanceté qui permettrait ou non de l'administrer...

-Mais, docteur, lui répondis-je, si après votre belle cure, le premier essai que le scélérat fera de sa convalescence, c'est d'assassiner votre ami, que direz-vous ? Mettez la main sur la conscience ; ne vous repentirez-vous point de l'avoir guéri ? Ne vous écrierez-vous point avec amertume : Pourquoi l'ai-je secouru ! Que ne le laissais-je mourir ! N'y a-t-il pas là de quoi empoisonner le reste de votre vie...

LE DOCTEUR BISSEI. Assurément, je serai consumé de douleur ; mais je n'aurai point de remords.

MOI. Et quel remords pourriez-vous avoir, je ne dis point d'avoir tué, car il ne s'agit pas de cela ; mais d'avoir laissé périr un chien enragé... Docteur, écoutez-moi. Je suis plus intrépide que vous ; je ne me laisse point brider par de vains raisonnements. Je suis médecin. Je regarde mon malade ; en le regardant, je reconnais un scélérat, et voici le discours que je lui tiens : " Malheureux, dépêche-toi de mourir ; c'est tout ce qui peut t'arriver de mieux pour les autres et pour toi. Je sais bien ce qu'il y aurait à faire pour dissiper ce point de côté qui t'oppresse, mais je n'ai garde de l'ordonner ; je ne hais pas assez mes concitoyens, pour te renvoyer de nouveau au milieu d'eux, et me préparer à moi-même une douleur éternelle par les nouveaux forfaits que tu commettrais. Je ne serai point ton complice. On punirait celui qui te recèle dans sa maison, et je croirais innocent celui qui t'aurait sauvé ! Cela ne se peut. Si j'ai un regret, c'est qu'en te livrant à la mort je t'arrache au dernier supplice. Je ne m'occuperai point de rendre à la vie celui dont il m'est enjoint par l'équité naturelle, le bien de la société, le salut de mes semblables, d'être le dénonciateur. Meurs, et qu'il ne soit pas dit que par mon art et mes soins il existe un monstre de plus. "

LE DOCTEUR BISSEI. Bonjour, papa. Ah çà, moins de café après diner, entendez- vous ?

MON PÈRE. Ah ! docteur, c'est une si bonne chose que le café !

LE DOCTEUR BISSEI. Du moins, beaucoup, beaucoup de sucre.

MA SOEUR. Mais, docteur, ce sucre nous échauffera.

LE DOCTEUR BISSEI. Chansons ! Adieu, philosophe.

MOI. Docteur, encore un moment. Galien, qui vivait sous Marc-Aurèle, et qui, certes, n'était pas un homme ordinaire, bien qu'il crût aux songes, aux amulettes et aux maléfices, dit de ses préceptes sur les moyens de conserver les nouveau-nés : " C'est aux Grecs, aux Romains, à tous ceux qui marchent sur leurs pas dans la carrière des sciences, que je les adresse. Pour les Germains et le reste des barbares, ils n'en sont pas plus dignes que les ours, les sangliers, les lions, et les autres bêtes féroces. "

LE DOCTEUR BISSEI. Je savais cela. Vous avez tort tous les deux ; Galien, d'avoir proféré sa sentence absurde ; vous, d'en faire une autorité. Vous n'existeriez pas, ni vous ni votre éloge ou votre critique de Galien, si la nature n'avait pas eu d'autre secret que le sien pour conserver les enfants des Germains.

MOI. Pendant la dernière peste de Marseille...

LE DOCTEUR BISSEI. Dépêchez-vous, car je suis pressé.

MOI. Il y avait des brigands qui se répandaient dans les maisons, pillant, tuant, profitant du désordre général, pour s'enrichir par toutes sortes de crimes. Un de ces brigands fut attaqué de la peste, et reconnu par un des fossoyeurs que la police avait chargés d'enlever les morts. Ces gens-ci allaient, et jetaient les cadavres dans la rue. Le fossoyeur regarde le scélérat, et lui dit: " Ah ! misérable, c'est toi " ; et en même temps, il le saisit par les pieds, et le traîne vers la fenêtre. Le scélérat lui crie: " Je ne suis pas mort. " L'autre lui répond: " Tu es assez mort " et le précipite à l'instant d'un troisième étage. Docteur, sachez que le fossoyeur qui dépêche si lestement ce méchant pestiféré, est moins coupable à mes yeux qu'un habile médecin, comme vous, qui l'aurait guéri ; et partez.

LE DOCTEUR. Cher philosophe, j'admirerai votre esprit et votre chaleur, tant qu'il vous plaira ; mais votre morale ne sera ni la mienne, ni celle de l'abbé, je gage.

L'ABBE. Vous gagez à coup sûr.

J'allais entreprendre l'abbé ; mais mon père, s'adressant à moi, en souriant, me dit : " Tu plaides contre ta propre cause.

MOI. Comment cela ?

MON PÈRE. Tu veux la mort de ce coquin d'intendant de M. de La Mésangère, n'est-ce pas ? Eh ! laisse donc faire le docteur. Tu dis quelque chose tout bas.

MOI. Je dis que Bissei ne méritera jamais l'inscription que les Romains placèrent au-dessus de la porte du médecin d'Adrien VI, après sa mort : *Au libérateur de la patrie.*

MA SŒUR. Et que, médecin du Mazarin, ce ministre décédé, il n'eût pas fait dire aux charretiers, comme Guénaut : *Camarades, laissons passer monsieur le docteur, c'est lui qui nous a fait la grâce de tuer le cardinal.*

Mon père sourit, et dit: « Où en étais-je de mon histoire ?

MA SŒUR. Vous en étiez au père Bouin.

MON PÈRE. Je lui expose le fait. Le père Bouin me dit : " Rien n'est plus louable, monsieur, que le sentiment de commisération dont vous êtes touché pour ces malheureux héritiers. Supprimez le testament, secourez-les, j'y consens ; mais c'est à la condition de restituer au légataire universel la somme précise dont vous l'aurez privé, ni plus, ni moins ". Mais je sens du froid entre les épaules. Le docteur aura laissé la porte ouverte ; sœurette, va la fermer.

MA SŒUR. J'y vais ; mais j'espère que vous ne continuerez pas que je ne sois revenue.

MON PÈRE. Cela va sans dire.

Ma sœur, qui s'était fait attendre quelque temps, dit en rentrant, avec un peu d'humeur : " C'est ce fou qui a pendu deux écriteaux à sa porte, sur l'un desquels on lit: *Maison à vendre vingt mille francs, ou à louer douze cents francs par an, sans bail* ; et sur l'autre : *Vingt mille francs à prêter pour un an, à six pour cent.*

MOI. Un fou, ma sœur ? Et s'il n'y avait qu'un écriteau où vous en voyez deux, et que l'écriteau du prêt ne fût qu'une traduction de celui de la location ? Mais laissons cela, et revenons au père Bouin.

MON PÈRE. Le père Bouin ajouta : " Et qui est-ce qui vous a autorisé à ôter ou à. donner de la sanction aux actes ? Qu'est-ce qui vous a autorisé à interpréter les intentions des morts ?

" - Mais, père Bouin, et le coffre ?

" - Qui est-ce qui vous a autorisé à décider si ce testament a été rebuté de réflexion, ou s'il s'est égaré par méprise ? Ne vous est-il jamais arrivé d'en commettre de pareilles, et de retrouver au fond d'un seau un papier précieux que vous y aviez jeté d'inadvertance ?

" - Mais, père Bouin, et la date et l'iniquité de ce papier ?

“ - Qui est-ce qui vous a autorisé à prononcer sur la justice ou l'injustice de cet acte, et à regarder le legs universel comme un don illicite, plutôt que comme une restitution ou telle autre œuvre légitime qu'il vous plaira d'imaginer ?

“ - Mais, père Bouin, et ces héritiers immédiats et pauvres, et ce collatéral éloigné et riche ?

“ - Qui est-ce qui vous a autorisé à peser ce que le défunt devait à ses proches, que vous ne connaissez pas davantage ?

“ - Mais, père Bouin, et ce tas de lettres du légataire, que le défunt ne s'était pas seulement donné la peine d'ouvrir !... ”

Une circonstance que j'avais oubliée de vous dire, ajouta mon père, c'est que dans l'amas de paperasses, entre lesquelles je trouvai ce fatal testament, il y avait vingt, trente, je ne sais combien de lettres des Frémins, toutes cachetées.

“ Il n'y a, dit le père Bouin, ni coffre, ni date, ni lettres, ni père Bouin, ni si, ni mais, qui tienne ; il n'est permis à personne d'enfreindre les lois, d'entrer dans la pensée des morts, et de disposer du bien d'autrui. Si la Providence a résolu de châtier ou l'héritier ou le légataire, ou le défunt, car on ne sait lequel, par la conservation fortuite de ce testament, il faut qu'il reste. "

Après une décision aussi nette, aussi précise de l'homme le plus éclairé de notre clergé, je demeurai stupéfait et tremblant, songeant en moi-même à ce que je devenais, à ce que vous deveniez, mes enfants, s'il me fût arrivé de brûler le testament, comme j'en avais été tenté dix fois ; d'être ensuite tourmenté de scrupules, et d'aller consulter le père Bouin. J'aurais restitué ; oh ! j'aurais restitué ; rien n'est plus sûr, et vous étiez ruinés.

MA SŒUR. Mais, mon père, il fallut, après cela, s'en revenir au presbytère, et annoncer à cette troupe d'indigents qu'il n'y avait rien là qui leur appartînt, et qu'ils pouvaient s'en retourner comme ils étaient venus. Avec l'âme compatissante que vous avez, comment en eûtes-vous le courage ?

MON PÈRE. Ma foi, je n'en sais rien. Dans le premier moment, je pensai à me départir de ma procuration, et à me remplacer par un homme de loi ; mais un homme de loi en eût usé dans toute la rigueur, pris et chassé par les épaules ces pauvres gens dont je pouvais peut-être alléger l'infortune. Je retournai donc le même jour à Thivet. Mon absence subite, et les précautions que j'avais prises en partant, avaient inquiété ; l'air de tristesse avec lequel je reparus, inquiéta bien davantage. Cependant je me contraignis, je dissimulai de mon mieux.

MOI. C'est-à-dire assez mal.

MON PÈRE. Je commençai par mettre à couvert tous les effets précieux. J'assemblai dans la maison un certain nombre d'habitants, qui me prêteraient main-forte, en cas de besoin. J'ouvris la cave et les greniers que j'abandonnai à ces malheureux, les invitant à boire, à manger, et à partager entre eux le vin, le blé et toutes les autres provisions de bouche.

L'ABBÉ. Mais, mon père !...

MON PÈRE. Je le sais, cela ne leur appartenait pas plus que le reste.

MOI. Allons donc, l'abbé, tu nous interromps.

MON PÈRE. Ensuite, pâle comme la mort, tremblant sur mes jambes, ouvrant la bouche, et ne trouvant aucune parole, m'asseyant, me relevant, commençant une phrase, et ne pouvant l'achever, pleurant ; tous ces gens effrayés m'environnant, s'écriant autour de moi: " Eh bien ! mon cher monsieur, qu'est-ce qu'il y a ? - Qu'est-ce qu'il y a ? repris-je... Un testament, un testament qui vous déshérite. " Ce peu de mots me coûta tant à dire, que je me sentis presque défaillir.

MA SŒUR. Je conçois cela.

MON PÈRE. Quelle scène, quelle scène, mes enfants, que celle qui suivit ! Je frémis de la rappeler. Il me semble que j'entends encore les cris de la douleur, de la fureur, de la rage, le hurlement des imprécations... Ici, mon père portait ses mains sur ses yeux, sur ses oreilles... Ces femmes, disait-il, ces femmes, je les vois ; les unes se roulaient à terre, s'arrachaient les cheveux, se déchiraient les joues et les mamelles ; les autres écumaient, tenaient leurs enfants par les pieds, prêtes à leur écacher [6] la tête contre le pavé, si on les eût laissé faire ; les hommes saisissaient, renversaient, cassaient tout ce qui leur tombait sous les mains ; ils menaçaient de mettre le feu à la maison ; d'autres, en rugissant, grattaient la terre avec leurs ongles, comme s'ils y eussent cherché le cadavre du curé pour le déchirer ; et, tout

---

[6] NdE [CP] : écraser.

au travers de ce tumulte, c'étaient les cris aigus des enfants qui partageaient, sans savoir pourquoi, le désespoir de leurs parents, qui s'attachaient à leurs vêtements, et qui en étaient inhumainement repoussés. Je ne crois pas avoir jamais autant souffert de ma vie.

Cependant j'avais écrit au légataire de Paris, je l'instruisais de tout et je le pressais de faire diligence, le seul moyen de prévenir quelque accident qu'il ne serait pas en mon pouvoir d'empêcher.

J'avais un peu calmé les malheureux par l'espérance dont je me flattais, en effet, d'obtenir du légataire une renonciation complète à ses droits ou de l'amener à quelque traitement favorable ; et je les avais dispersés dans les chaumières les plus éloignées du village.

Le Frémin de Paris arriva ; je le regardai fixement et je lui trouvai une physionomie dure qui ne promettait rien de bon.

MOI. De grands sourcils noirs et touffus, des yeux couverts et petits, une large bouche, un peu de travers, un teint basané et criblé de petite vérole ?

MON PÈRE. C'est cela. Il n'avait pas mis plus de trente heures à faire ses soixante lieues. Je commençai par lui montrer les misérables dont j'avais à plaider la cause. Ils étaient tous debout devant lui, en silence ; les femmes pleuraient ; les hommes, appuyés sur leurs bâtons, la tête nue, avaient la main dans leurs bonnets. Le Frémin, assis, les yeux fermés, la tête penchée et le menton appuyé sur sa poitrine, ne les regardait pas. Je parlai en leur faveur de toute ma force ; je ne sais où l'on prend ce qu'on dit en pareil cas. Je lui fis toucher au doigt combien il était incertain que cette succession lui fût légitimement acquise ; je le conjurai par son opulence, par la misère qu'il avait sous les yeux; je crois même que je me jetai à ses pieds ; je n'en pus tirer une obole. Il me répondit qu'il n'entrait point dans toutes ces considérations; qu'il y avait un testament; que l'histoire de ce testament lui était indifférente, et qu'il aimait mieux s'en rapporter à ma conduite qu'à mes discours. D'indignation, je lui jetai les clefs au nez ; il les ramassa, s'empara de tout ; et je m'en revins si troublé, si peiné, si changé, que votre mère, qui vivait encore, crut qu'il m'était arrivé quelque grand malheur... Ah ! mes enfants ! quel homme que ce Frémin !

Après ce récit, nous tombâmes dans le silence, chacun rêvant à sa manière sur cette singulière aventure. Il vint quelques visites ; un ecclésiastique, dont je ne me rappelle pas le nom : c'était un gros prieur, qui se connaissait mieux en bon vin qu'en morale, et qui avait plus feuilleté le *Moyen de parvenir* que les *Conférences de Grenoble* ; un homme de justice, notaire et lieutenant de police, appelé Dubois ; et, peu de temps après, un ouvrier qui demandait à parler à mon père. On le fit entrer, et avec lui un ancien ingénieur de la province, qui vivait retiré et qui cultivait les mathématiques, qu'il avait autrefois professées ; c'était un des voisins de l'ouvrier, l'ouvrier était chapelier.

Le premier mot du chapelier fut de faire entendre à mon père que l'auditoire était un peu nombreux pour ce qu'il avait à lui dire, Tout le monde se leva, et il ne resta que le prieur, l'homme de loi, le géomètre et moi, que le chapelier retint.

" Monsieur Diderot, dit-il à mon père, après avoir regardé autour de l'appartement s'il ne pouvait être entendu, c'est votre probité et vos lumières qui m'amènent chez vous ; et je ne suis pas fâché d'y rencontrer ces autres messieurs dont je ne suis peut-être pas connu, mais que je connais tous. Un prêtre, un homme de loi, un savant, un philosophe et un homme de bien ! Ce serait grand hasard, si je ne trouvais pas dans des personnes d'état si différent, et toutes également justes et éclairées, le conseil dont j'ai besoin. "

Le chapelier ajouta ensuite : " Promettez-moi d'abord de garder le secret sur mon affaire, quel que soit le parti que je juge à propos de suivre. "

On le lui promit, et il continua.

" Je n'ai point d'enfants, je n'en ai point eu de ma dernière femme, que j'ai perdue il y a environ quinze jours. Depuis ce temps, je ne vis pas ; je ne saurais ni boire, ni manger, ni travailler, ni dormir. Je me lève, je m'habille, je sors et je rôde par la ville dévoré d'un souci profond. J'ai gardé ma femme malade pendant dix-huit ans ; tous les services qui ont dépendu de moi et que sa triste situation exigeait, je les lui ai rendus. Les dépenses que j'ai faites pour elle ont consommé le produit de notre petit revenu et de mon travail, m'ont laissé chargé de dettes ; et je me trouverais, à sa mort, épuisé de fatigues, le temps de mes jeunes années perdu ; je ne serais, en un mot, pas plus avancé que le premier jour de mon établissement, si j'observais les lois et si je laissais aller à des collatéraux éloignés la portion qui leur revient de ce qu'elle m'avait apporté en dot : c'était un trousseau bien conditionné ; car son père et sa mère, qui aimaient beaucoup leur fille, firent pour elle tout ce qu'ils purent, plus qu'ils ne purent ; de belles et bonnes nippes en quantité, qui sont restées toutes neuves; car la pauvre femme n'a pas eu le temps de s'en servir ; et vingt mille francs en argent, provenus du remboursement d'un contrat constitué sur M. Michelin, lieutenant du procureur général. A peine la défunte a-t-elle eu les yeux fermés, que j'ai soustrait et les nippes et l'argent. Messieurs, vous savez actuellement mon affaire. Ai-je bien fait ? Ai-je mal fait ? Ma conscience n'est pas en repos. Il me semble que j'entends là quelque chose qui me dit : Tu as volé, tu as volé ; rends, rends. Qu'en pensez- vous ? Songez, messieurs, que ma femme m'a emporté, en s'en allant, tout ce que j'ai gagné pendant vingt ans ; que je ne suis presque plus en état de travailler ; que je suis endetté, et que si je restitue, il ne me reste que l'hôpital, si ce n'est aujourd'hui, ce sera demain. Parlez, messieurs, j'attends votre décision. Faut-il restituer et s'en aller à l'hôpital ?

-A tout seigneur, tout honneur, dit mon père, en s'inclinant vers l'ecclésiastique ; à vous, monsieur le prieur.

-Mon enfant, dit le prieur au chapelier, je n'aime pas les scrupules, cela brouille la tête et ne sert à rien ; peut-être ne fallait-il pas prendre cet argent ; mais, puisque tu l'as pris, mon avis est que tu le gardes.

MON PÈRE. Mais, monsieur le prieur, ce n'est pas là votre dernier mot ?

LE PRIEUR. Ma foi si ; je n'en sais pas plus long.

MON PÈRE. Vous n'avez pas été loin. A vous, monsieur le magistrat.

LE MAGISTRAT. Mon ami, ta position est fâcheuse ; un autre te conseillerait peut-être d'assurer le fonds aux collatéraux de ta femme, afin qu'en cas de mort ce fonds ne passât pas aux tiens, et de jouir, ta vie durant, de l'usufruit. Mais il y a des lois ; et ces lois ne t'accordent ni l'usufruit, ni la propriété du capital. Crois-moi, satisfais aux lois et sois honnête homme ; à l'hôpital, s'il le faut.

MOI. Il y a des lois ! Quelles lois ?

MON PÈRE. Et vous, monsieur le mathématicien, comment résolvez-vous ce problème ?

LE GÉOMÈTRE. Mon ami, ne m'as-tu pas dit que tu avais pris environ vingt mille francs ?

LE CHAPELIER. Oui, monsieur.

LE GÉOMÈTRE. Et combien à peu près t'a coûté la maladie de ta femme ?

LE CHAPELIER. A peu près la même somme.

LE GÉOMÈTRE. Eh bien ! qui de vingt mille francs paye vingt mille francs, reste zéro.

MON PÈRE, à moi. Et qu'en dit la philosophie ?

MOI. La philosophie se tait où la loi n'a pas le sens commun...

Mon père sentit qu'il ne fallait pas me presser ; et portant tout de suite la parole au chapelier: " Maître untel, lui dit-il, vous nous avez confessé que depuis que vous aviez spolié la succession de votre femme, vous aviez perdu le repos. Et à quoi vous sert donc cet argent, qui vous a ôté le plus grand des biens ? Défaites-vous-en vite ; et buvez, mangez, dormez, travaillez, soyez heureux chez vous, si vous y pouvez tenir, ou ailleurs, si vous ne pouvez pas tenir chez vous. "

Le chapelier répliqua brusquement: " Non, monsieur, je m'en irai à Genève.

" - Et tu crois que tu laisseras le remords ici ?

" - Je ne sais, mais j'irai à Genève.

" - Va où tu voudras, tu y trouveras ta conscience. "

Le chapelier partit ; sa réponse bizarre devint le sujet de l'entretien. On convint que peut-être la distance des lieux et du temps affaiblissait plus ou moins tous les sentiments, toutes les sortes de consciences, même celle du crime. L'assassin, transporté sur le rivage de la Chine, est trop loin pour apercevoir le cadavre qu'il a laissé sanglant sur les bords de la Seine. Le remords naît peut-être moins de l'horreur de soi que de la crainte des autres ; moins de la honte de l'action que du blâme et du châtiment qui la suivraient s'il arrivait qu'on la découvrit. Et quel est le criminel clandestin assez tranquille dans l'obscurité pour ne pas redouter la trahison d'une circonstance imprévue ou l'indiscrétion d'un mot peu réfléchi ? Quelle certitude a-t-il qu'il ne se décèlera point dans le délire de la fièvre ou du rêve ? On l'entendra sur le lieu de la scène, et il est perdu. Ceux qui l'environneront à la Chine ne le comprendront pas. " Mes enfants, les jours du méchant sont remplis d'alarmes. Le repos n'est fait que pour l'homme de bien. C'est lui seul qui vit et meurt tranquille. "

Ce texte épuisé, les visites s'en allèrent ; mon frère et ma sœur rentrèrent ; la conversation interrompue fut reprise, et mon père dit: " Dieu soit loué ! nous voilà ensemble. Je me trouve bien avec les autres, mais mieux avec vous. " Puis s'adressant à moi: " Pourquoi, me demanda-t-il, n'as-tu pas dit ton avis au chapelier ?

-C'est que vous m'en avez empêché.

-Ai-je mal fait ?

-Non, parce qu'il n'y a point de bon conseil pour un sot. Quoi donc, est-ce que cet homme n'est pas le plus proche parent de sa femme ? Est-ce que le bien qu'il a retenu ne lui a pas été donné en dot ? Est-ce qu'il ne lui appartient pas au titre le plus légitime ? Quel est le droit de ces collatéraux ?

MON PÈRE. Tu ne vois que la loi, mais tu n'en vois pas l'esprit.

MOI. Je vois comme vous, mon père, le peu de sûreté des femmes, méprisées, haïes à tort à travers de leurs maris, si la mort saisissait ceux-ci de leurs biens. Mais qu'est-ce que cela me fait à moi, honnête homme, qui ai bien rempli mes devoirs avec la mienne ? Ne suis-je pas assez malheureux de l'avoir perdue ? Faut-il qu'on vienne encore m'enlever sa dépouille ?

MON PÈRE. Mais si tu reconnais la sagesse de la loi, il faut t'y conformer, ce me semble.

MA SŒUR. Sans la loi il n'y a plus de vol.

MOI. Vous vous trompez, ma sœur.

MON FRÈRE. Sans la loi tout est à tous, et il n'y a plus de propriété.

MOI. Vous vous trompez, mon frère.

MON FRÈRE. Et qu'est-ce qui fonde donc la propriété ?

MOI. Primitivement, c'est la prise de possession par le travail. La nature a fait les bonnes lois de toute éternité ; c'est une force légitime qui en assure l'exécution ; et cette force, qui peut tout contre le méchant, ne peut rien contre l'homme de bien. Je suis cet homme de bien ; et dans ces circonstances et beaucoup d'autres que je vous détaillerais, je la cite au tribunal de mon cœur, de ma raison, de ma conscience, au tribunal de l'équité naturelle ; je l'interroge, je m'y soumets ou je l'annule.

MON PÈRE. Prêche ces principes-là sur les toits, je te promets qu'ils feront fortune, et tu verras les belles choses qui en résulteront.

MOI. Je ne les prêcherai pas ; il y a des vérités qui ne sont pas faites pour les fous ; mais je les garderai pour moi.

MON PÈRE. Pour toi qui es un sage ?

MOI. Assurément.

MON PÈRE. D'après cela, je pense bien que tu n'approuveras pas autrement la conduite que j'ai tenue dans l'affaire du curé de Thivet. Mais toi, l'abbé, qu'en penses-tu ?

L'ABBÉ.   Je pense, mon père, que vous avez agi prudemment de consulter, et d'en croire le père Bouin ; et que si vous eussiez suivi votre premier mouvement, nous étions en effet ruinés.

MON PÈRE. Et toi, grand philosophe, tu n'es pas de cet avis ?

MOI. Non.

MON PÈRE. Cela est bien court. Va ton chemin.

MOI. Vous me l'ordonnez ?

MON PÈRE. Sans doute.

MOI. Sans ménagement ?

MON PÈRE. Sans doute.

MOI. Non, certes, lui répondis-je avec chaleur, je ne suis pas de cet avis. Je pense, moi, que, si vous avez jamais fait une mauvaise action dans votre vie, c'est celle-là ; et que si vous vous fussiez cru obligé à restitution envers le légataire après avoir déchiré le testament, vous l'êtes bien davantage envers les héritiers pour y avoir manqué.

MON PÈRE. Il faut que je l'avoue, cette action m'est toujours restée sur le cœur ; mais le père Bouin !...

MOI. Votre père Bouin, avec toute sa réputation de science et de sainteté, n'était qu'un mauvais raisonneur, un bigot à tête rétrécie.

MA SŒUR, à voix basse. Est-ce que ton projet est de nous ruiner ?

MON PÈRE. Paix ! paix ! laisse-là le père Bouin ; et dis-nous tes raisons, sans injurier personne.

MOI. Mes raisons ? Elles sont simples ; et les voici. Ou le testateur a voulu supprimer l'acte qu'il avait fait dans la dureté de son cœur, comme tout concourait à le démontrer ; et vous avez annulé sa résipiscence : ou il a voulu que cet acte atroce eût son effet : et vous vous êtes associé à son injustice.

MON PÈRE. A son injustice ? C'est bientôt dit.

MOI. Oui, oui, à son injustice ; car tout ce que le père Bouin vous a débité ne sont que de vaines subtilités, de pauvres conjectures, des peut-être sans aucune valeur, sans aucun poids, auprès des circonstances qui ôtaient tout caractère de validité à l'acte injuste que vous avez tiré de la poussière, produit et réhabilité. Un coffre à paperasses ; parmi ces paperasses une vieille paperasse proscrite ; par sa date, par son injustice, par son mélange avec d'autres paperasses, par la mort des exécuteurs, par le mépris des lettres du légataire, par la richesse de ce légataire, et par la pauvreté des véritables héritiers ! Qu'oppose-t-on à cela ? Une restitution présumée ! Vous verrez que ce pauvre diable de prêtre, qui n'avait pas un sou lorsqu'il arriva dans sa cure, et qui avait passé quatre-vingts ans de sa vie à amasser environ cent mille francs en entassant sou sur sou, avait fait autrefois aux Frémins, chez qui il n'avait point demeuré, et qu'il n'avait peut-être jamais connus que de nom, un vol de cent mille francs. Et quand ce prétendu vol eût été réel, le grand malheur que... J'aurais brûlé cet acte d'iniquité. Il fallait le brûler, vous dis-je ; il fallait écouter votre cœur, qui n'a cessé de réclamer depuis, et qui en savait plus que votre imbécile Bouin, dont la décision ne prouve que l'autorité redoutable des opinions religieuses sur les têtes les mieux organisées, et l'influence pernicieuse des lois injustes, des faux principes sur le bon sens et l'équité naturelle. Si vous eussiez été à côté du curé, lorsqu'il écrivit cet inique testament, ne l'eussiez-vous pas mis en pièces ? Le sort le jette entre vos mains, et vous le conservez ?

MON PÈRE. Et si le curé t'avait institué son légataire universel ?...

MOI. L'acte odieux n'en aurait été que plus promptement cassé.

MON PÈRE. Je n'en doute nullement ; mais n'y a-t-il aucune différence entre le donataire d'un autre, et le tien ?...

MOI. Aucune. Ils sont tous les deux justes ou injustes, honnêtes ou malhonnêtes...

MON PÈRE. Lorsque la loi ordonne, après le décès, l'inventaire et la lecture de tous les papiers, sans exception, elle a son motif, sans doute ; et ce motif quel est-il ?

MOI. Si j'étais caustique, je vous répondrais : de dévorer les héritiers, en multipliant ce qu'on appelle des vacations ; mais songez que vous n'étiez point l'homme de la loi ; et qu'affranchi de toute forme juridique, vous n'aviez de fonctions à remplir que celles de la bienfaisance et de l'équité naturelle.

Ma sœur se taisait mais elle me serrait la main en signe d'approbation. L'abbé secouait les oreilles, et mon père disait : " Et puis encore une petite injure au père Bouin. Tu crois du moins que ma religion m'absout ?

MOI. Je le crois ; mais tant pis pour elle.

MON PÈRE. Cet acte, que tu brûles de ton autorité privée, tu crois qu'il aurait été déclaré valide au tribunal de la loi ?

MOI. Cela se peut ; mais tant pis pour la loi.

MON PÈRE. Tu crois qu'elle aurait négligé toutes ces circonstances, que tu fais valoir avec tant de force ?

MOI. Je n'en sais rien ; mais j'en aurais voulu avoir le cœur net. J'y aurais sacrifié une cinquantaine de louis : ç'aurait été une charité bien faite, et j'aurais attaqué le testament au nom de ces pauvres héritiers.

MON PÈRE. Oh ! pour cela, si tu avais été avec moi, et que tu m'en eusses donné le conseil, quoique, dans les commencements d'un établissement, cinquante louis ce soit une somme, il y a tout à parier que je l'aurais suivi.

L'ABBÉ. Pour moi, j'aurais autant aimé donner cet argent aux pauvres héritiers qu'aux gens de justice.

MOI. Et vous croyez, mon frère, qu'on aurait perdu ce procès ?

MON FRÈRE. Je n'en doute pas. Les juges s'en tiennent strictement à la loi, comme mon père et le père Bouin ; et font bien. Les juges ferment, en pareils cas, les yeux sur les circonstances, comme mon père et le père Bouin, par l'effroi des inconvénients qui s'ensuivraient ; et font bien. Ils sacrifient quelquefois contre le témoignage même de leur conscience, comme mon père et le père Bouin, l'intérêt du malheureux et de l'innocent qu'ils ne pourraient sauver sans lâcher la bride à une infinité de fripons ; et font bien. Ils redoutent, comme mon père et le père Bouin, de prononcer un arrêt équitable dans un cas déterminé, mais funeste dans mille autres par la multitude de désordres auxquels il ouvrirait la porte ; et font bien. Et dans le cas du testament dont il s'agit...

MON PÈRE. Tes raisons, comme particulières, étaient peut-être bonnes; mais comme publiques, elles seraient mauvaises. Il y a tel avocat peu scrupuleux, qui m'aurait dit tête à tête : Brûlez ce testament ; ce qu'il n'aurait osé écrire dans sa consultation.

MOI. J'entends ; c'était une affaire à n'être pas portée devant les juges. Aussi, parbleu ! n'y aurait-elle pas été portée, si j'avais été à votre place.

MON PÈRE. Tu aurais préféré ta raison à la raison publique ; la décision de l'homme à celle de l'homme de loi.

MOI. Assurément. Est-ce que l'homme n'est pas antérieur à l'homme de loi ? Est-ce que la raison de l'espèce humaine n'est pas tout autrement sacrée que la raison d'un législateur ? Nous nous appelons civilisés, et nous sommes pires que des sauvages. Il semble qu'il nous faille encore tournoyer pendant des siècles, d'extravagances en extravagances et d'erreurs en erreurs, pour arriver où la première étincelle de jugement, l'instinct seul, nous eût menés tout droit. Aussi nous nous sommes si bien fourvoyés...

MON PÈRE. Mon fils, mon fils, c'est un bon oreiller, que celui de la raison ; mais je trouve que ma tête repose plus doucement encore sur celui de la religion et des lois : et point de réplique là-dessus ; car je n'ai pas besoin d'insomnie. Mais il me semble que tu prends de l'humeur. Dis-moi donc, si j'avais brûlé le testament, est-ce que tu m'aurais empêché de restituer ?

MOI. Non, mon père ; votre repos m'est un peu plus cher que tous les biens du monde.

MON PÈRE. Ta réponse me plaît et pour cause.

MOI. Et cette cause, vous allez nous la dire ?

MON PÈRE. Volontiers. Le chanoine Vigneron, ton oncle, était un homme dur, mal avec ses confrères dont il faisait la satire continuelle par sa conduite et par ses discours. Tu étais destiné à lui succéder [7] ; mais, au moment de sa mort, on pensa dans la famille qu'il valait mieux envoyer en cour de Rome, que de faire, entre les mains du chapitre, une résignation qui ne serait point agréée. Le courrier part. Ton oncle meurt une heure ou deux avant l'arrivée présumée du courrier, et voilà le canonicat et dix-huit cents francs perdus. Ta mère, tes tantes, nos parents, nos amis étaient tous d'avis de celer la mort du chanoine. Je rejetai ce conseil ; et je fis sonner les cloches sur-le-champ.

---

[7] Denis Diderot était en effet destiné dans sa jeunesse à succéder à l'état ecclésiastique de son oncle.

MOI. Et vous fites bien.

MON PÈRE. Si j'avais écouté les bonnes femmes, et que j'en eusse eu du remords, je vois que tu n'aurais pas balancé à me sacrifier ton aumusse [8].

MOI. Sans cela. J'aurais mieux aimé être un bon philosophe, ou rien que d'être un mauvais chanoine. ”

Le gros prieur rentra, et dit sur mes derniers mots qu'il avait entendus: “ Un mauvais chanoine ! Je voudrais bien savoir comment on est un bon ou un mauvais prieur, un bon ou un mauvais chanoine ; ce sont des états si indifférents. ” Mon père haussa les épaules, et se retira pour quelques devoirs pieux qui lui restaient à remplir. Le prieur dit: “ J'ai un peu scandalisé le papa.

MON FRÈRE. Cela se pourrait ”.

Puis, tirant un livre de sa poche: “ Il faut, ajouta-t-il, que je vous lise quelques pages d'une description de la Sicile par le père Labat.

---

[8] NdE [CP] : l'aumusse est une fourrure faisant partie de l'habit des chanoines et qui est la marque de leur état.

MOI. Je les connais, C'est l'histoire du *calzolaio* 9 de Messine.

MON FRÈRE. Précisément.

LE PRIEUR. Et ce *calzolaio,* que faisait-il ?

MON FRÈRE.   L'historien raconte que, né vertueux, ami de l'ordre et de la justice, il avait beaucoup à souffrir dans un pays où les lois n'étaient pas seulement sans vigueur, mais sans exercice. Chaque jour était marqué par quelque crime. Des assassins connus marchaient tête levée, et bravaient l'indignation publique. Des parents se désolaient sur leurs filles séduites et jetées du déshonneur dans la misère, par la cruauté des ravisseurs. Le monopole enlevait à l'homme laborieux sa subsistance et celle de ses enfants ; des concussions de toute espèce arrachaient des larmes amères aux citoyens opprimés. Les coupables échappaient au châtiment, ou par leur crédit, ou par leur argent, ou par le subterfuge des formes. Le *calzolaio* voyait tout cela ; il en avait le cœur percé ; et il rêvait sans cesse sur sa selle aux moyens d'arrêter ces désordres.

---

9   Cordonnier.

LE PRIEUR. Que pouvait un pauvre diable comme lui ?

MON FRÈRE. Vous allez le savoir. Un jour, il établit une cour de justice dans sa boutique.

LE PRIEUR. Comment cela ?

MOI. Le prieur voudrait qu'on lui expédiât un récit, comme il expédie ses matines.

LE PRIEUR. Pourquoi non ? L'art oratoire veut que le récit soit bref, et l'Évangile que la prière soit courte.

MON FRÈRE. Au bruit de quelque délit atroce, il en informait ; il en poursuivait chez lui une instruction rigoureuse et secrète. Sa double fonction de rapporteur et de juge remplie, le procès criminel parachevé, et la sentence prononcée, il sortait avec une arquebuse sous son manteau ; et, le jour, s'il rencontrait les malfaiteurs dans quelques lieux écartés, ou la nuit, dans leurs tournées, il vous leur déchargeait équitablement cinq ou six balles à travers le corps.

LE PRIEUR. Je crains bien que ce brave homme-là n'ait été rompu vif. J'en suis fâché.

MON FRÈRE. Après l'exécution, il laissait le cadavre sur la place sans en approcher, et regagnait sa demeure, content comme quelqu'un qui aurait tué un chien enragé.

LE PRIEUR. En tua-t-il beaucoup de ces chiens-là ?

MON FRÈRE. On en comptait plus de cinquante, et tous de haute condition ; lorsque le vice-roi proposa deux mille écus de récompense au délateur ; et jura, en face des autels, de pardonner au coupable s'il se déférait lui-même.

LE PRIEUR. Quelque sot !

MON FRÈRE. Dans la crainte que le soupçon et le châtiment ne tombassent sur un innocent...

LE PRIEUR. Il se présenta au vice-roi !

MON FRÈRE. Il lui tint ce discours : " J'ai fait votre devoir. C'est moi qui ai condamné et mis à mort les scélérats que vous deviez punir. Voilà les procès-verbaux qui constatent leurs forfaits. Vous y verrez la marche de la procédure judiciaire que j'ai suivie. J'ai été tenté de commencer par vous ; mais j'ai respecté dans votre personne le maître auguste que vous représentez. Ma vie est entre vos mains, et vous en pouvez disposer ”.

LE PRIEUR. Ce qui fut fait.

MON FRÈRE. Je l'ignore ; mais je sais qu'avec tout ce beau zèle pour la justice, cet homme n'était qu'un meurtrier.

LE PRIEUR. Un meurtrier ! le mot est dur : quel autre nom pourrait-on lui donner, s'il avait assassiné des gens de bien ?

MOI. Le beau délire !

MA SŒUR. Il serait à souhaiter...

MON FRÈRE, à moi. Vous êtes le souverain : cette affaire est soumise à votre décision ; quelle sera-t-elle ?

MOI. L'abbé, vous me tendez un piége ; et je veux bien y donner. Je condamnerai le vice-roi à prendre la place du savetier, et le savetier à prendre la place du vice-roi.

MA SŒUR. Fort bien, mon frère ”.

Mon père reparut avec ce visage serein qu'il avait toujours après la prière. On lui raconta le fait, et il confirma la sentence de l'abbé. Ma sœur ajouta: " et voilà Messine privée, sinon du seul homme juste, du moins du seul brave citoyen qu'il y eût. Cela m'afflige ".

On servit ; on disputa encore un peu contre moi ; on plaisanta beaucoup le prieur sur sa décision du chapelier, et le peu de cas qu'il faisait des prieurs et des chanoines. On lui proposa le cas du testament ; au lieu de le résoudre, il nous raconta un fait qui lui était personnel.

LE PRIEUR. Vous vous rappelez l'énorme faillite du changeur Bourmont.

MON PÈRE. Si je me rappelle ! j'y étais pour quelque chose.

LE PRIEUR. Tant mieux !

MON PÈRE. Pourquoi tant mieux ?

LE PRIEUR. C'est que, si j'ai mal fait, ma conscience en sera soulagée d'autant. Je fus nommé syndic des créanciers. Il y avait parmi les effets actifs de Bourmont un billet de cent écus sur un pauvre marchand grènetier son voisin [10]. Ce billet, partagé au prorata de la multitude des créanciers, n'allait pas à douze sous pour chacun d'eux ; et exigé du grènetier, c'était sa ruine. Je supposai...

MON PÈRE. Que chaque créancier n'aurait pas refusé douze sous à ce malheureux ; vous déchirâtes le billet, et vous fîtes l'aumône de ma bourse.

LE PRIEUR. Il est vrai ; en êtes-vous fâché ?

MON PÈRE. Non.

LE PRIEUR. Ayez la bonté de croire que les autres n'en seraient pas plus fâchés que vous ; et tout sera dit.

MON PÈRE. Mais, monsieur le prieur, si vous lacérez de votre autorité privée un billet, pourquoi n'en lacérerez-vous pas deux, trois, quatre ; tout autant qu'il se trouvera d'indigents à secourir aux dépens d'autrui ? Ce principe de commisération peut nous mener loin, monsieur le prieur : la justice, la justice...
LE PRIEUR. On l'a dit, est souvent une grande injustice.

---

[10] NdE [CP] : grainetier : marchand de graines.

Une jeune femme, qui occupait le premier, descendit ; c'était la gaieté et la folie en personne. Mon père lui demanda des nouvelles de son mari : ce mari était un libertin qui avait donné à sa femme l'exemple des mauvaises mœurs, qu'elle avait, je crois, un peu suivi ; et qui, pour échapper à la poursuite de ses créanciers, s'en était allé à la Martinique. Mme d'Isigny, c'était le nom de notre locataire, répondit à mon père: " M. d'Isigny ? Dieu merci ! je n'en ai plus entendu parler ; il est peut-être noyé.

LE PRIEUR. Noyé ! je vous en félicite.

MADAME D'ISIGNY. Qu'est-ce que cela vous fait, monsieur l'abbé ?

LE PRIE UR. Rien, mais à vous ?

MADAME D'ISIGNY. Et qu'est-ce que cela me fait à moi ?

LE PRIEUR. Mais, on dit...

MADAME D'ISIGNY. Et qu'est-ce qu'on dit ?

LE PRIEUR. Puisque vous le voulez savoir, on dit qu'il avait surpris quelques-unes de vos lettres.

MADAME D'ISIGNY. Et n'avais-je pas un beau recueil des siennes ?...

Et puis voilà une querelle tout à fait comique entre le prieur et Mme d'Isigny sur les priviléges des deux sexes. Mme d'Isigny m'appela à son secours ; et j'allais prouver au prieur que le premier des deux époux qui manquait au pacte, rendait à l'autre sa liberté ; mais mon père demanda son bonnet de nuit, rompit la conversation, et nous envoya coucher. Lorsque ce fut à mon tour de lui souhaiter la bonne nuit, en l'embrassant, je lui dis à l'oreille: " Mon père, c'est qu'à la rigueur il n'y a point de lois pour le sage...

-Parlez plus bas...

-Toutes étant sujettes à des exceptions, c'est à lui qu'il appartient de juger des cas où il faut s'y soumettre ou s'en affranchir.

-Je ne serais pas trop fâché, me répondit-il, qu'il y eût dans la ville un ou deux citoyens comme toi ; mais je n'y habiterais pas, s'ils pensaient tous de même. "

Fin de l'entretien.